U0117438

陳福成著

陳福成著作全編

第十七冊　幻夢花開一江山

文史哲出版社印行

國家圖書館出版品預行編目資料

陳福成著作全編 / 陳福成著. -- 初版. --臺北
市：文史哲,民 104.08
頁： 公分
ISBN 978-986-314-266-9（全套：平裝）

848.6 104013035

陳福成著作全編

第十七冊 幻夢花開一江山

著 者：陳 福 成
出 版 者：文 史 哲 出 版 社
http://www.lapen.com.tw
登記證字號：行政院新聞局版臺業字五三三七號
發 行 人：彭 正 雄
發 行 所：文 史 哲 出 版 社
印 刷 者：文 史 哲 出 版 社
臺北市羅斯福路一段七十二巷四號
郵政劃撥帳號：一六一八〇一七五
電話886-2-23511028 · 傳真886-2-23965656

全 80 冊定價新臺幣 36,800 元

二〇一五年（民一〇四）八月初版

著財權所有 · 侵權者必究
ISBN 978-986-314-266-9 08981

陳福成著作全編總目

㊵我所知道的孫大公
㊶為中華民族的生存發展進百書疏
㊷金秋六人行
㊸漸凍勇士陳宏

捌、小說、翻譯小說

㊹迷情．奇謀．輪迴、
㊺愛倫坡恐怖推理小說

玖、散文、論文、雜記、詩遊記、人生小品

㊻一個軍校生的台大閒情
㊼古道．秋風．瘦筆
㊽頓悟學習
㊾春秋正義
㊿公主與王子的夢幻、
51洄游的鮭魚
52男人和女人的情話真話
53台灣邊陲之美
54最自在的彩霞
55梁又平事件後

拾、回憶錄體

56五十不惑
57我的革命檔案
58台大教官興衰錄
59迷航記、
60最後一代書寫的身影
61我這輩子幹了什麼好事
62那些年我們是這樣寫情書的
63那些年我們是這樣談戀愛的
64台灣大學退休人員聯誼會第九屆理事長記實

拾壹、兵學、戰爭

65孫子實戰經驗研究
66第四波戰爭開山鼻祖賓拉登

拾貳、政治研究

67政治學方法論概說
68西洋政治思想史概述
69中國全民民主統一會北京行
70尋找理想國：中國式民主政治研究要綱

拾參、中國命運、喚醒國魂

71大浩劫後：日本 311 天譴說
日本問題的終極處理
72台大逸仙學會

拾肆、地方誌、地區研究

73台北公館台大地區考古．導覽
74台中開發史
75台北的前世今生
76台北公館地區開發史

拾伍、其他

77英文單字研究
78與君賞玩天地寬（文友評論）
79非常傳銷學
80新領導與管理實務

總序：陳福成的一部文史哲政兵千秋事業

陳福成先生，祖籍四川成都，一九五二年出生在台灣省台中縣。筆名古晟、藍天、司馬千、鄉下人等，皈依法名：本肇居士。一生除軍職外，以絕大多數時間投入寫作，範圍包括詩歌、小說、政治（兩岸關係、國際關係）、歷史、文化、宗教、哲學、兵學（國防、軍事、戰爭、兵法），及教育部審定之大學、專科（三專、五專）、高中（職）等各級學校國防通識（軍訓課本）十二冊。以上總計近百部著作，目前尚未出版者尚約二十部。

我的戶籍資料上寫著祖籍四川成都，小時候也在軍眷長大，初中畢業（民57年6月），投考陸軍官校預備班十三期，三年後（民60）直升陸軍官校正期班四十四期，民國六十四年八月畢業，隨即分發野戰部隊服役，到民國八十三年四月轉台灣大學軍訓教官。到民國八十八年二月，我以台大夜間部（兼文學院）主任教官退休（伍），進入全職寫作高峰期。

我年青時代也曾好奇問老爸：「我們家到底有沒有家譜？」

他說：「當然有。」他肯定說，停一下又說：「三十八年逃命都來不及了，現在有個鬼啦！」

兩岸開放前他老人家就走了，開放後經很多連繫和尋找，真的連鬼都沒有了，茫茫無垠的「四川北門」，早已人事全非了。

但我的母系家譜卻很清楚，母親陳蕊是台中縣龍井鄉人。她的先祖其實來台不算太久，按家譜記載，到我陳福成才不過第五代，大陸原籍福建省泉州府同安縣六都施盤鄉馬巷。

第一代祖陳添丁、妣黃嫣名申氏。從原籍移居台灣島台中州大甲郡龍井庄龍目井字水裡社三十六番地，移台時間不詳。陳添丁生於清道光二十年（庚子，一八四〇年）六月十二日，卒於民國四年（一九一五年），葬於水裡社共同墓地，坐北向南，他有二個兒子，長子昌，次子標。

第二代祖陳昌（我外曾祖父），生於清同治五年（丙寅，一八六六年）九月十四日，卒於民國廿六年（昭和十二年）四月二十二日，葬在水裡社共同墓地，坐東南向西北。陳昌娶蔡匏，育有四子，長子平、次子豬、三子波、四子萬芳。

第三代祖陳平（我外祖父），生於清光緒十七年（辛卯，一八九一年）九月二十五日，卒於（年略記）二月十三日。陳平娶彭宜（我外祖母），生光緒二十二年（丙申，一八九六年）六月十二日，卒於民國五十六年十二月十六日。他們育有一子五女，長子陳火，長女陳變、次女陳燕、三女陳蕊、四女陳品、五女陳鶯。

以上到我母親陳蕊是第四代，到筆者陳福成是第五代，與我同是第五代的表兄弟姊妹共三十二人，目前大約半數仍在就職中，半數已退休。

寫作是我一輩子的興趣，一個職業軍人怎會變成以寫作為一生志業，在我的幾本著作都詳述（如《迷航記》、《台大教官興衰錄》、《五十不惑》等」。我從軍校大學時代開始寫，從台大主任教官退休後，全力排除無謂應酬，更全力全心的寫（不含為教育部編著的大學、高中職《國防通識》十餘冊）。我把《陳福成著作全編》略為分類暨編目如下：

壹、兩岸關係

①《決戰閏八月》②《防衛大台灣》③《解開兩岸十大弔詭》④《大陸政策與兩岸關係》。

貳、國家安全

⑤《國家安全與情治機關的弔詭》⑥《國家安全與戰略關係》⑦《國家安全論壇》。

參、中國學四部曲

⑧《中國歷代戰爭新詮》⑨《中國近代黨派發展研究新詮》⑩《中國政治思想新詮》⑪《中國四大兵法家新詮：孫子、吳起、孫臏、孔明》。

肆、歷史、人類、文化、宗教、會黨

⑫《神劍與屠刀》⑬《中國神譜》⑭《天帝教的中華文化意涵》⑮《奴婢妾匪到革命家之路：復興廣播電台謝雪紅訪講錄》⑯《洪門、青幫與哥老會研究》。

伍、詩〈現代詩、傳統詩〉、文學

⑰《幻夢花開一江山》⑱《赤縣行腳・神州心旅》⑲《「外公」與「外婆」的詩》、⑳《尋找一座山》㉑《春秋記實》㉒《性情世界》㉓《春秋詩選》㉔《八方風雲性情世界》㉕《古晟的誕生》㉖《把腳印典藏在雲端》㉗《從魯迅文學醫人魂救國魂說起》㉘《60後詩雜記詩集》。

陸、現代詩（詩人、詩社）研究

㉙《三月詩會研究》㉚《我們的春秋大業：三月詩會二十年別集》㉛《中國當代平民詩人王學忠》㉜《讀詩稗記》㉝《嚴謹與浪漫之間》㉞《一信詩學研究：解剖一隻九頭詩鵠》㉟《囚徒》㊱《胡爾泰現代詩臆說》㊲王學忠籲天詩錄。

柒、春秋典型人物研究、遊記

㊳《山西芮城劉焦智「鳳梅人」報研究》㊴《在「鳳梅人」小橋上》㊵《我所知道的孫大公》㊶《孫大公思想主張手稿》㊷《金秋六人行》㊸《漸凍勇士陳宏》。

捌、小說、翻譯小說

㊹《迷情・奇謀・輪迴》㊺《愛倫坡恐怖推理小說》。

玖、散文、論文、雜記、詩遊記、人生小品

㊻《一個軍校生的台大閒情》㊼《古道・秋風・瘦筆》㊽《頓悟學習》㊾《春秋正義》㊿《公主與王子的夢幻》51《洄游的鮭魚》52《男人和女人的情話真話》53《台灣邊陲之美》54《最自在的彩霞》55《梁又平事件後》。

拾、回憶錄體

56《五十不惑》57《我的革命檔案》58《台大教官興衰錄》59《迷航記》60《最後一代書寫的身影》61《我這輩子幹了什麼好事》62《那些年我們是這樣寫情書的》63《那些年我們是這樣談戀愛的》64《台灣大學退休人員聯誼會第九屆理事長記實》。

拾壹、兵學、戰爭

65《孫子實戰經驗研究》66《第四波戰爭開山鼻祖賓拉登》。

拾貳、政治研究

(67)《政治學方法論概說》(68)《西洋政治思想概述》(69)《中國全民民主統一會北京行》(70)《尋找理想國：中國式民主政治研究要綱》。

拾參、中國命運、喚醒國魂

(71)《大浩劫後：日本311天譴說》、《日本問題的終極處理》(72)《台大逸仙學會》。

拾肆、地方誌、地區研究

(73)《台北公館台大地區考古・導覽》(74)《台中開發史》(75)《台北的前世今生》(76)《台北公館地區開發史》。

拾伍、其他

(77)《英文單字研究》(78)《與君賞玩天地寬》（別人評論）(79)《非常傳銷學》(80)《新領導與管理實務》。

我這樣的分類並非很確定，如《謝雪紅訪講錄》，是人物誌，但也是政治，更是歷史，說的更白，是兩岸永恆不變又難分難解的「本質性」問題。

以上這些作品大約可以概括在「中國學」範圍，如我在每本書扉頁所述，以「生長在台灣的中國人為榮」，以創作、鑽研「中國學」，貢獻所能和所學為自我實現的途徑，以宣揚中國春秋大義、中華文化和促進中國和平統一為今生志業，直到生命結束。我這樣的人生，似乎滿懷「文天祥、岳飛式的血性」。

抗戰時期，胡宗南將軍曾主持陸軍官校第七分校（在王曲），校中有兩幅對聯，一是「升官發財請走別路、貪生怕死莫入此門」，二是「鐵肩擔主義、血手寫文章」。前聯原在廣州黃埔，後聯乃胡將軍胸懷，「鐵肩擔主義」我沒機會，但「血手寫文章」的

「血性」俱在我各類著作詩文中。

人生無常，我到六十三歲之年，以對自己人生進行「總清算」的心態出版這套書。

回首前塵，我的人生大致分成兩個「生死」階段，第一個階段是「理想走向毀滅」，年齡從十五歲進軍校到四十三歲，離開野戰部隊前往台灣大學任職中校教官。第二個階段是「毀滅到救贖」，四十三歲以後的寫作人生。

「理想到毀滅」，我的人生全面瓦解、變質，險些遭到軍法審判，就算軍法不判我，我也幾乎要「自我毀滅」；而「毀滅到救贖」是到台大才得到的「新生命」，我積極寫作是從台大開始的，我常說「台大是我啟蒙的道場」有原因的。均可見《五十不惑》、《迷航記》等書。

我從年青立志要當一個「偉大的軍人」，為國家復興、統一做出貢獻，為中華民族的繁榮綿延盡個人最大之力，卻才起步就「死」在起跑點上，這是個人的悲劇和不智，正好也給讀者一個警示。人生絕不能在起跑點就走入「死巷」，切記！切記！讀者以我為鑒！在軍人以外的文學、史政有這套書的出版，也算是對國家民族社會有點貢獻，對自己的人生有了交待，這致少也算「起死回生」了！

順要一說的，我全部的著作都放棄個人著作權，成為兩岸中國人的共同文化財，而台北的文史哲出版有優先使用權和發行權。

這套書能順利出版，最大的功臣是我老友，文史哲出版社負責人彭正雄先生和他的夥伴們。彭先生對中華文化的傳播，對兩岸文化交流都有崇高的使命感，向他和夥伴致上最高謝意。

台北公館蟾蜍山萬盛草堂主人　陳福成　誌於二〇一四年
五月榮獲第五十五屆中國文藝獎章文學創作獎前夕

張家界

雲南香格里拉紅土地（洪玲妙攝）

黃山

黃山古城宏村

黃山

嘉明湖（台灣）

玉山日出

雲南香格里拉紅土地（洪玲妙攝）

南湖大山

西湖岳王廟

同下，南山寺

本肇居士 2008 年元月二十五日攝於海南省南山寺，海上觀音高 108 公尺

本肇居士 2008 年元月 27 日攝於海南省

海南省興隆熱帶雨林植物園中的珍奇物種「鐵西瓜」（或叫砲彈果），狀似西瓜，不能食用

自序：幻夢花開一江山

——關於蟾蜍山詩稿

本肇居士

這是我所出版的第四本詩集，前三本是現代詩，這本是傳統詩。事實上，我對所謂「現代詩」或「傳統詩」，都不內行，因為並非自己所學或專長，亦未曾下功夫去深研。不過是自己從小愛玩、愛寫，有點樂趣，亂寫亂讀一通，整理出一些，以供雅賞。

回顧半生，有許多轉折或奇緣，我總用雜記、詩歌等方式記錄下來，有許多讓人懷念的人與事，也有許多叫人悲痛的人與事，我以一詩釋之：

半生浮沈幻茫然，幻夢花開一江山；

黌宇泮花覺有情，春秋大義淚漕漕。

人生如此，便用這四句做本書四篇之篇名，「幻夢花開一江山」最能表達我半生至今感觸，乃用為書名。又因住蟾蜍山所完成，用為本書附題，本書不過記錄人生點滴，疏發情緒，非嚴謹之傳統詩，只能是「類傳統詩」。就教於諸山行家削政，萬盛山莊主人本肇居士拜誌。二〇〇八年元月於台北。

幻夢花開一江山　目錄

詠黃埔長官、同學、朋友詩鈔 六三

第四篇　春秋大義淚濟濟

第一篇 半生浮沈幻茫然

幻夢花開一江山
黌宇泮花覺有情
春秋大義淚潸潸

夢迴童年往事吟詠

童年回憶

大肚山上童稚夢，桑影隱約朝陽昇；
父母操勞種旱田，只記阿花在跳繩。

春村生活

中興嶺眷村住，沒幾年，半工半讀早起吹寒風。不苟且，毋相隨，小懵懂，自知寒微打拼不輕鬆。

初中過了

初中三年過去了，往事沒多少，風雨不多稍傷風，故事簡單回憶睡夢中。阿花小手曾牽過，只是很尷尬，如今想起有些愁，恰似一溪春水涓細流。

考軍校

當年流行讀士校，回家問爸好不好？
老子一生當士官，人生無望沒得搞。
東勢工職水準差，人窮志短苦哈哈；
走投無路能幹啥，鳳山軍校能發達。

陸官預備班十三期雜詠

當年毛都沒長齊，辭別爹娘遠分離；
大哥送我革命去，是預備班十三期。

合理無理都磨練，吃苦耐勞沒得閒；
午夜有人哭媽咪，身心熬煉大志堅。

生活作息嚴管理，整月無休不稀奇；
麥克阿瑟當標竿，洗地磨地磨心氣。
新來營長孫大公，軍服鼻挺立如松；
留美碩士英文好，他的子弟氣如鴻。

林義俊和解定國，陳鏡培加一個我；
寒假四人征梨山，零下八度凍哆嗦。
劉建民和虞義輝，加我三鐵共徘徊；
後來又有張國英，屏東騎車不想歸。
彈吉他把馬子屌，存錢買琴誰知曉？
土法煉鋼學吉他，帶情人唱歌她嬌。

陸官四十四期學生生活雜感吟詠

一年級入伍生

入伍生住野獸營，黃埔西點同樣情；
是不是加沒理由，如今想起行不行。
誓願蔣公子弟兵，革命陣營成精英；
反攻大陸救同胞，三民主義中國新。

生活體驗

神仙老虎狗，天天地上爬。
吃飯打衝鋒，日夜做苦工。
每日踢正步，經常大掃除。
廁所比臉淨，皮鞋亮晶晶。

年少志氣堅，服從性又高。

學生王子

學生王子真神氣，近看遠看都雄奇；
所有學弟若遇到，注目敬禮算得意。

談戀愛修學分

戀愛學分很重要，我有心得懂技巧；
嶺上見她就觸電，從此心中她最嬌。

雙宿雙飛情，月下擁品茗，小酒一杯飲，香姿斜靠影。綵羅盡退去，一夜百年緣，纏綿在心底。三更醉無力，軟玉溫香夢，共枕忘日月。

記第一次外島詩稿（民64～65：金門）

憶舊雜感

老共要來先過關，駐守金門人未還；
鐵拳在台灣安全，不讓朱毛上海灘。
浯島風塵日月昏，單雙砲彈戰地痕；
北韓鑽地攻漢城，衛兵伏地聽鬼魂。

註：當時北韓鑽地道，準備進攻南韓，傳言中共也用此道，金門衛兵都伏地聽音，證實當面共軍並未挖地道要進攻金門。

基層連隊

浯島斗門砲兵連，青年軍人沒得閒；
戰地平時燒烽煙，總是高唱有內間。

後方情花兵變

後方情花兵變了，戀情很不少，戰地整夜很傷風，纏綿不堪回首情愛中。甜蜜回憶仍都在，只是心情改，問她心中多少愁，恰似台灣海峽洶湧流。

浪淘沙・空夢花

情花走了眼紅，五年中，無奈聚少離多真傷風。她的淚，讓人醉，幾時了，真是海峽離恨情愛空。

詠那一段情吟草詩稿

五年情份想妳好，深情嫣笑，姣媚輕歌嫋。山上海邊甜蜜夢，兩牽手雙宿雙飛去。款款情愛兼歡喜，桃花開時，一霎淚如雨。抱儂懷裡妳亂語，如今好夢幻化兮。

回憶最初

週六下午郊外混，躺在草上愛純純；
一個翻身嘴對嘴，無語看雲不想回。
天長地久總有盡，我倆真情山海心；
管他學業或前程，只要當下這份情。

秋望

海天茫茫人消瘦，她在後方兵變愁。
斯人獨坐指揮所。外有柳，心頭已是秋。

記第二次外島詩稿（民67～69：馬祖高登）

師長陳廷寵將軍命令

師長陳將軍有令，陳福成守高登行；
率群戰士蘿蔔頭，死守高登革命軍。
高登外懸北竿島，窺敵動靜我最早；
沒水沒電又苦寒，高登弟兄功勞高。

雜感吟

每天起床見神州，眼前山河叫人愁；
春秋大業夢一統，幹嘛自苦分兩國。

數千漁船圍困高登全島演習賦詠

君不知，槍兵土犬巡海邊，月黑風高非人間。高登冬天鬼風吼，擬是水鬼要摸哨，海風飛沙石亂走。解放軍可能示威，七五山砲煙塵飛，步砲協同要出師，連長金甲夜不脫，枕戈待旦胸有火，上岸是風有些扯。鋼盔背包汗氣蒸，全副武裝報軍情，萬船齊發夜出奇。漁船圍困日夜懾，料知戰火不再接，官兵放心也算捷。

浪淘沙・又一春

四季吹海風，閒情意闌，勤寫情書不怕寒，天長地久高登客，心中有愛。高登登高看，海天茫茫，雙鯉傳情很困難。濃情蜜意寄去也，有如參商。

班師凱旋

苦守孤島兩年整，鴻鵠有志業未成；班師回台養生息，成家立業我還能。

李花閨情

玉減李花瘦，長髮飄飄羞，露水雲雨何時休。休，休進閨閣樓，小紅袖，夜來些微愁。情牽這西施，紅豆情書詞，巫山雲雨絲絲。思，話別雙淚時，寫情書，亂成斷腸詞。

記第三次外島詩稿（民71～73：馬祖北竿）

北竿師部（193師）監察官

北竿師部監察官，正牌黃埔怎當宦；
未見前景不想幹，浮浮沈沈心頭煩。
北竿冬天冷又寒，濃霧遮日意闌珊；
政三政四一家人，高粱花生夜聊禪。

北竿村莊街景

春日午後閒，悠然逛村莊，熱鬧彈子房，調情冰果室。
美女裙子短，小兵就愛玩，隨便不整裝，憲兵很難纏。

閒情・走馬・看花

小徑雜草瘦，村姑淡粧羞，天長地久何日有。

有，有情郎好摟，紅鸞動，臉蛋淡淡愁。

小店生意淡，姑娘細聲詞，招攬客人心頭絲。

思，思情人抱抱，為生意，犧牲苦相思。

野花長山間，清風吹淡然，富貴貧窮何理由。

由，由來有因緣，也因果，隨緣較自由。

記第四次外島詩稿（民73～75：金防部）

金防部幹監察官

金防部監察官好，錢多事少沒人吵；
人人見到心怕怕，下去督導是大老。

太武山吟

平沙聳起太武山，內部空空森森然；
反攻大軍地下城，統一不成終不還。
太武山公墓隴樹，磐礴踞坐附梅竹；
當年大戰今如夢，戰將吉星文埋骨。

太武山月照・中秋吟

月照太武山，天地寂靜然，夜風千里吹，不過西海灣。月色照棧道，窺視夜衛兵，由來征戰地，不見有人還。兩岸一家人，頂多口水戰，月下值勤兵，不久解甲歸。

月照海印寺，和尚頌經聲，佛音千里吹，吹過兩岸心。月色即佛道，照見我子民，由來是一中，不見永分離。兩岸中秋月，遲早都團圓，秦時明月照，太武山同情。

虞美人・走在十字路口上雜詠

度月如年何時了，年歲有多少，不上不下快發瘋，農場事業構想在心中。壯志雄心今猶在，只要路子改。長青心中多少愁，恰似天上白雲飄飄流。

死馬能醫何時好，讀書不算老，太武山午夜涼風，土法煉鋼閉關苦讀中。壯志雄心還是在，路子趕快改。考研究所多少愁，恰似水霸築好斷水流。

上復興崗政治研究所

虞君同我過這關，復興崗上高歌歡；
閉關苦讀有代價，戰地征人果然還。
挑燈夜戰已渡金，九顆星星搶虞君；
我因關係未經營，一人悄然邊陲行。

憶蔣經國總統創復興崗

轉進台灣深反省，輸在政戰最要緊；
經國乃創復興崗，民族再興政治清。

記第五次外島詩稿（民78～80：小金門）

大樹當營長

高雄大樹當營長，帶兵打仗尚書郎；
多靠夥伴撐過來，輪調外島官兵觴。

調小金門營長

小金門營長真棒，天高皇帝遠好當；
同學朋友經常醉，泡妞泡茶心平常。
平靜小島霹靂情，天安門裡人驚心；
兩四洞砲全戰備，不久天晴抵萬金。

蝶戀花・小金門閒情

世外桃園小徑路，陣地走走，偶與村人遇。心中有話向誰說，清醒惆悵盤算過。老中校到處問路，縱有才情，終了無關係，向海天釋放情緒，找虞君進安全局。

從野戰部隊到台大的轉折詩鈔

連長幹完不想混，轉政三四季如春；
監察幹好常得罪，政軍兩面不是人。
野戰部隊混過頭，金馬離島望神州；
始亂墮落心頭愁，轉來轉去難上樓。
三軍大學轉花東，砲指部裡半條龍；
中校頂天無處去，三處拼命一條蟲。

一到台大定江山，二書出版才悟禪；
花東舊事一掃空，開始布局在胸中。
台大學風自由城，夜間飄香白日夢；

此生奇緣椰林月，情願從頭當儒生。
台大退休當志工，朝看青山晚臨風；
還有閒遐勤著述，竟外竟成中國通。

回首前塵花飛蓬，三十年來雖用功；
蓬生麻中不扶直，大業未成念蔣公。

皈依星雲大師座下

三皈本師是星雲，皈依我佛遠魔侵；不信邪教皈依法，不跟外道隨僧行。

詠佛光山台北道場師兄姊詩草

詠劉公浦師兄

當年革命老大哥，早已頓悟開新河；
監獄宣講佛教義，普渡眾生很快樂。

詠李育麗師姊

早皈我佛李育麗，服務精神她第一；
世間貪腐也要批，伊講佛法風旖旎。

詠范鴻英師姊

台北道場范鴻英，見到她人風景新；
回眸的笑有慧根，宣揚佛法伊也行。

詠蔣湘蘭小姐

惠質蘭心蔣湘蘭，很早頓悟能解禪；陽明風水益身心，我佛助妳過大山。

詠關麗蘇師姊

前塵往事平常心，皈依我佛好心情；
如今打開一扇門，進去探究好風景。

詠吳元俊師兄

當年熱血去革命，如今向佛獻慇懃；
帶領大家去佛門，看似叢林生力軍。

詠吳信義師兄

復興崗上種桃李，遍地花開不稀奇；
走過花林未動心，今在道場春如熙。

第二篇　幻夢花開一江山

半生浮沈幻茫然
黌宇泮花覺有情
春秋大義淚潸潸

詠大人物公司詩人群像詩鈔

揚松有約風雲陬，詩文儔侶同一國；
大夥厥詞批獨腐，好酒縱情一家說。
明興學問通古今，佛法企管樣樣行；
陳高杜康千杯少，說到妻兒最多情。

在和品管最專業，一粒沙中看世界；
微視智慧通宏觀，布局中國踏破鞋。
家業律師有辦法，讓他接案必定發；
詞曲高歌又一絕，擬似軍歌要北伐。

寶鳳語文有天份，開創新局一片春；
五十不惑有知己，放眼明天見華雯。
阿拉天空方飛白，半生詩情艷色彩；
紅海飄泊紅玫瑰，玉人呼喚他回來。

偶感吟

江湖夜雨十年燈，人生五十望鵬程；
花謝新芽第二春，明心見性頓悟昇。

舊情綿綿眼角濕，當時反悔已太遲；
三十年來夢一場，尋歡作樂無天日。

昨夜風雨來敲窗，春秋大夢一籮筐；
台獨幻夢何時了？三更半夜心頭慌。

詠葡萄園詩人吟草稿

國共兩軍文曉村，一尊木訥的靈魂；
兩岸詩壇葡萄園，健康明朗中國文。
青海遠行先告別，叮嚀愛妻一些些；
母親懷裡快慰躺，碧海藍天魂陶冶。
淡淡懷念濃濃愁，葡萄園裡藤藤揉；
文老一走大柱抽，後生小輩壯吾國。

台客有根在唐山，兩岸交流詩斐然；
葡萄園播華夏籽，炎黃子民金石盤。
飛絮風華金筑夢，詩歌聲樂他全能；

氣勢奔騰龍虎躍，行雲流水美采生。
煥武周公早了然，詩話散文都是禪；
自然悟然得真理，圓滿走最後一站。

春秋大義范揚松，學儒學俠孔丘風；
寫詩經商兩得意，大膽西進中國通。
我兒得獎白靈頒，白靈說詩並不難；
沿著詩梯上天堂，一人橫跨兩座山。
精明能幹賴益成，葡萄園丁最有恆；
葡萄沿革發展史，若非此君難誕生。

熱狗冷貓張貴松，記憶煙塵苦樂詠；

青年詩人好老師，桃李滿天南女中。
歲月花瓣莊雲惠，詩畫文采彩羽飛；
突破困境意深邃，炎黃金獎四海威。

詠秋水詩人吟稿

唯美詩風涂大姊，秋水掌門不苟且；
一生不忘古丁情，中國詩風四海曄。
瀟灑美景是綠蒂，世界中國風飄逸；
家學詩風有淵源，兩岸交流功第一。
雪飛飛雪詩千行，抗日血淚三十章；
人生走過萬山水，文武全才人稱觴。

風信子出道很早，散文名家最叫好；
閒來秋水泡泡茶，隨筆詩文領風騷。
琹川詩品有禪意，能文能畫不希奇；

跨足花藝爬大山，中國流派創新局。
洋萍心中大海洋，老爹詩魂中國強；
念念不忘秋水情，再行組團探故鄉。

亞嫩贈書真好意，未識泰山心稍虛；
詩畫一絕獲博士，華夏夢魂神州旅。
蕙質蘭心陽荷情，情路荊棘為何因？
早晚香炷嫋嫋語，文學音樂款款行。
秋水大家長林齡，資深詩人無私心；
慷慨布施謙君子，美食好料家長請。

詠「三月詩會」雅集即興詩鈔

二〇〇八年元月五日，「三月詩會」在台北醉紅小館雅聚，召集人是畫家蔡信昌，詩題是「願望與返璞歸真」。我第一次參與盛會，針對各家詩作即興賦詩一首，贈每位詩人先進。

詠蔡信昌「我的願望・返璞歸真」

大筆一揮渾沌開，詩畫雙絕是人才；
返璞歸真正是愛，如今人類毀滅賽。

詠雪飛「宇宙的歌聲」

雪飛歌聲宇宙飛，天使展翅藍空追；
喚醒地球惡夢纏，藍色天空愛相隨。

詠關雲「路轉人轉」

關雲關公一個人，乘願再來真是神；
路轉人轉心轉對，轉過彎拐望星辰。

詠晶晶「選風來襲」

選風襲向晶晶姊，真偽黑白全苟且；
大姊智慧跳出來，不同的路新鮮些。

詠林恭祖「歌唱海峽兩岸廈門詩詞筆會文」

林恭祖乘兩岸浪，孤臣孽子不尋常；
兩岸建橋求統一，大業終成大家觴。

詠徐世澤「我的願望」

憔悴蒼老是新生，眾生難脫輪迴程；
靈魂憩息陽明山，春泥護花愛永恆。

詠潘浩「又是個奧步」

潘浩巨椽批奧步，篡國竊位遲早輸；
貪污腐敗代代有，春秋大義我佩服。

詠傅予「願景」

傅予願景照兩岸，驚濤駭浪萬重山；
大難回生建長橋，同胞有心並不難。

詠一信「愛國的變調與返璞歸真」

一信詩兄講愛國，眾說紛紛一籮籮；
返璞歸真正是詩，意象簡鮮不囉嗦。

詠謝輝煌「窗內窗外．怒潮．麥子又著地」

窗內窗外謝輝煌，大正至中誰是王；
怒潮花開滿天下，一生不忘是炎黃。

註：「怒潮學校」於民國三十八年成立於江西南城，意在布局最後反攻，可詳見謝
輝煌所寫，「怒潮」花開滿天下一文。

詠金筑「二〇〇八的奏鳴」

金筑老哥新奏鳴，萬象風景旋律吟；
縱橫飛昇第幾春，詩文歌聲永亮清。

詠麥穗「鼠年願望」

麥穗大義批鼠輩，篡國竊位真惡劣；
鼠輩執政蒼生苦，莫非台灣出紂桀。

詠童佑華「那晃子・我站在村頭」

童佑華當年放牛，牛馬奮鬥永無休；
騎牛騎馬能頓悟，今後詩文會不朽。

詠林靜助「回望的心願」

汰沙瀝金林靜助，贏得諸君來護持；
浮生六記雖是夢，也叫夢花美如詩。

詠許運超「人生停格十小時有記」（人未到詩到）

人生停格十小時，天堂地府也有詩；
將軍有淚不輕彈，前世今生應如是。

藝壇文友詩鈔

詠詩人麥穗

真森林詩人麥穗，攀峰谷萬山千水；
穹蒼榛狉凝詩文，山歌傳唱代代洄。

詠大陸作家周興春

周興春先走一步，炎黃招見贊黼黻；
思想文章留子民，春秋代代不盡書。

詠農運詩人詹朝立

農運詩人詹朝立，反貪倒扁他第一；
台灣農漁總指揮，若能革命就更奇。

詠現代諷喻詩人魯蛟

魯蛟批力春秋高，批判貪腐有漲潮；
禮義廉恥道德風，革命風潮應再燒。

詠大陸詩人雁翼

小學未畢成大師，經典百部再神馳；
詩壇重鎮惟雁翼，千年獻禮是為誌。

詠南京詩人卓琦培

過大風雨卓琦培，農經文學都龍傑；
新舊詩文實在神，筆耕的果碩纍纍。

詠詩人秦嶽先生

明道文藝秦貴修，詩書文藝術酋酋；
作家詩人是孝子，人生事業合春秋。

詠世界論壇報「世界詩壇」主編詩人王幻先生

說是幻翁並非幻，打擊貪腐不手軟；
春秋大義再彰顯，華夏一統幻翁歡。

詠北京「中國文藝」主編溫文先生

中國文藝溫文君，未曾見過這精英；
思想交流一點通，同是炎黃定是行。

詠江海文藝主編高寶國先生

江海文藝高寶國，他的名氣我聽過；
華夏春秋他來文，同是一國又一夥。

詠在美國推「一國三制」的吳南風先生

一國三制吳南風，先父已倒滿救中；
追隨中山中華脈，中國統一君會紅。

詠西泠印社畫家徐夢嘉先生

西泠印社徐夢嘉，書畫篆刻藝術家；
贏得美人懷中抱，畫中她把西施壓。

大江潮與微風細雨詩鈔

詠紅軍・施明德

最先造反施明德，笑對死刑誰奈何？
百萬紅軍你領導，唱歌散步也快樂。
凱道陰雨百萬齊，篡竊政客扁不理；
綠營都是亂臣賊，只會搬錢國庫提。
古來篡竊偷大位，革命一途能回歸；
口號散步沒路用，最後這回你很虧。
苟延殘喘一老命，造反之子可有心？
最後再搏垮台獨，革命地位速抵定。

懷念戰略大師鈕先鍾先生

西方戰略他全吃，中國戰略再整飭；
熔成戰略思想翁，布衣而為將帥師

詠遠望雜誌社長廖天欣先生

老蔣曾經將他軍，反貪倒扁他最行；
痛批老蔣丟蒙古，一顆中國統一心。

詠山西報人劉焦智友

鳳梅公司劉焦智，宣揚文化當此時；
春秋大義鳳梅人，吾國崛起不會遲。

詠哈佛大學張鳳小姐

哈佛大學有張鳳，中華兒女義如松；
南京大屠殺再挖，真相大白倭寇瘋。

詠林彩美女士（已故史學家戴國煇教授夫人）

台灣客系中國人，炎黃血液很純真；
遠望雜誌獻心力，永懷國煇妙精神。
罣丸理論戴國煇，破除台獨論弔詭；
一隻神筆詮兩岸，他的主張我追隨。

詠桃園書畫家張夢雨教授

平鎮金星里盧甑，張夢雨釜甑藝生；
桃李花開滿鄉里，何不西進大風成？

詠客家才女張典婉小姐

康有為在台弟子，張漢文文壇大師；
女典婉客家才媛，一脈相承到今日。
漢文中國很熱情，中華文化永恒新；

但今九洲仍不同，期待典婉好打拼。

註：二〇〇七年底，與妻到苗栗文化局代表吾兒牧宏，領「第十屆夢花文學獎」，遇張典婉小姐，始知其父爲康有爲三大弟子唯一的台灣人，詠誌之。

詠雲南詩人麥芒

雲之南風景唯美，麥芒的詩真奇絕；
鄉土中國與世界，詩的國度沒國界。

偶遇陳若曦、綠蒂和陳祖彥在公館同用餐

很早聽說尹縣長，弦外之音多滄桑；
與陳若曦四人聊，台灣出版很不彰。
神州找尋烏托邦，三反五反太無常；
中華子民悲且壯，吾國崛起有夠夯。

記：96年9月13日在公館「文協」偶遇，共用午餐。

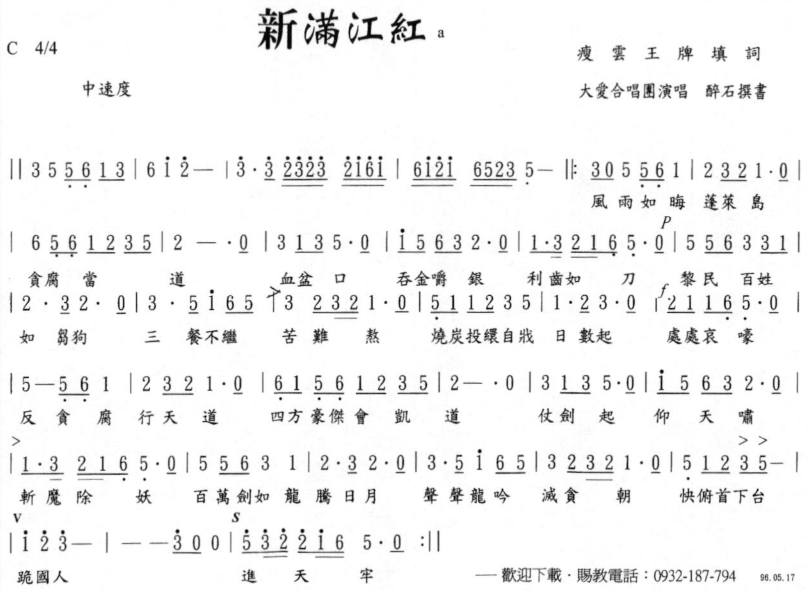
新滿江紅
C 4/4
中速度
瘦雲王牌填詞
大愛合唱團演唱 醉石撰書
風雨如晦 蓬萊島
貪腐當道 血盆口 吞金嚼銀 利齒如刀 黎民百姓
如芻狗 三餐不繼 苦難熬 燒炭投繯自戕 日數起 處處哀嚎
反貪腐行天道 四方豪傑會凱道 仗劍起 仰天嘯
斬魔除妖 百萬劍如龍騰日月 聲聲龍吟 滅貪朝 快俯首下台
跪國人 進天牢
—歡迎下載．賜教電話：0932-187-794
96.05.17

詠時英出版社兩兄弟

時英出版兩兄弟，心健心頤各有奇；弟是大內操盤手，兄在兩岸創商機。

詠瘦雲王牌及其「新滿江紅」

瘦雲王牌果稱王，新滿江紅真是爽；金筑主唱弟聽，共創春秋都炎黃。

詠作家張騰蛟

詩與政治張騰蛟，應得雲雨樂消搖；他的文章真有趣，這池水能吃得消？

註：「詩與政治」是張君一篇文章，刊在「文學人」第六期〈二〇〇四年八月〉。

詠青溪論壇君子淑女詩稿

詠林靜助兄

青溪宗長林靜助，一步一印人真實；
共襄盛舉不打烊，英雄俠女來護持。

詠彭正雄兄

文史哲人彭正雄，華夏經典印無窮；
中國文化小巷齊，明日大膽西進勇。

詠雪飛兄

雪飛大哥當社長，青溪論壇響叮噹；
大家快活好打拼，提筆一杯話滄桑。

詠蔡雪娥小姐

妖嬌美麗蔡雪娥，做人做事笑呵呵；
青溪論壇擁有妳，夏日艷陽喝可樂。

詠落蒂兄

莊腳甘甲仔落蒂，他的發跡很傳奇；
才情洋溢一家風，夢筆詩花開青溪。

詠陳祖彥小姐

樸實自然祖彥姊，樵蘇不爨不苟且；
聞說小說論述絕，花開青溪好采擷。

詠黃埔長官、同學、朋友詩鈔

詠張國英同學

革命老友張國英，國防部長擬是君；
台糖園丁他最High，國標舞功教英才。

詠劉建民同學

孤懸苗栗劉建民，台北在High獨欠君；
一切難題單打拼，同學欲知欠行情。

詠一飛同學

一飛將軍在大內，探知綠敵大戰略；
篡竊盜偷騙陰謀，民族叛徒是罪業。
一飛博士府裡蹲，待機再飛握乾坤；

蓬生痲中自然直，近墨是否頭有昏？

詠路復國同學

花東指揮路復國，同學長官不須愁；
副官盡好本職能，運籌帷幄歡送我。

註：民國八十三年我離開花防部，砲指部指揮官路復國同學送一紀念牌，上書「運籌帷幄」四字。

詠陳家祥同學

天生好命陳家祥，解甲歸田不一樣；
兩岸事業跑得勤，兩代革命中國強。

詠解定國同學

實習幹部解定國，展望未來不用愁；
人生起落原是夢，各有天空難比說。

詠林義俊同學

鶴立雞群林義俊，野戰部隊不想拼；
教官退休顧家業，台中林家大業新。

詠周立勇學長

四十二期周立勇，英俊瀟灑像英雄；
為愛美人換江山，兩岸鴻圖已在胸。

詠盧志德同學

革命老友盧志德，看來穩重有原則；
四十年顏形未改，人生多彩也可歌。

詠袁國台同學

金馬戰友袁國台，反貪倒扁一定來；
賢妻俠女李敏雲，革命夫妻幾十載。

詠高立興同學

生來關係就很好，只是悠哉不想搞；
吃喝玩樂多寫意，心中有夢人不老。

詠林鐵基同學

半生為國革命拼，解甲歸田義工情；
九十老母盡孝心，寫意人生多美景。

詠童榮南同學

革命陣營老玩童，國畫漫畫全都通；
中年五十白髮飄，似張大千可就紅。

詠林利國同學

當年小生林利國，革命陣營播學說；
頓悟人生有新路，退出江湖獻身佛。

詠林吉郎同學

苦讀打拼林博士，安全戰略講態勢；
萬米健將是高手，文武全才大會師。

懷念翁思德同學

謙和君子翁思德，人品操守天理合，
大去太早天有虧，妻兒永懷他德澤。

懷念鍾聖賜同學

老同學獻身革命，人間真是沒公平；
早到那邊讀軍校，期待光景一片新。

註：老同學鍾聖賜臨終前，我和虞、張等同學來三總安寧病房探視，他笑說先到那邊也考軍校，好爲各位後來者舖路，場面不勝感慨。

詠涂安都將軍

大樹將軍涂安都，愛惜人才不疏忽；
解甲貢獻戰略學，花林散步閒讀書。

註：我在高雄大樹當營長，涂將軍任指揮官，退休後他把所學貢獻給「中華戰略」，閒時常在政大後山散步。

詠革命夥伴吳建坤弟

革命夥伴吳建坤，曾在我營是靈魂；
解甲豐原陪愛人，中鎰廣告葫蘆墩。

註：我在高雄大樹當營長時，吳君任營輔導長，「葫蘆墩」是豐原的古地名。

詠小金門戰略夥伴金克強弟

革命老兵金克強，外島備戰志氣揚；
老婆先走他辛苦，父代母職家馨香。

詠復興崗研究所友黃銘俊

情治奇人黃銘俊，詹氏年鑑現精英；
國防生意一路發，新的戰役定打贏。

詠空中大學李景素小姐

一山山過李景素，打拼精神讓人服；
華夏春秋相扶持，明日發光博士姝。

詠醒吾技術學院韓秀利小姐

多才多藝韓秀利，遍植桃李不稀奇；
華夏春秋她有義，鴻圖美景快擁伊。

記陸官四十四期同學會二〇〇八年元月十三日在陸聯社聚會

詠那種感覺

怒潮澎湃人飛舞，親愛精誠是黃埔；

昨夜緒戰真漂亮，任督全通好舒服。

註：「緒戰」，指前一日的立委大選，藍營大勝，總算出一口氣。

中央軍校校友會理事長甯攸武將軍致詞誌

緒戰大勝很漂亮，藍營團結力更強；
絕對優勢已形成，重掌政權馬家將。

感懷

戲唱完了就下台，永不休止打貪豺；
黃埔同學一條心，炎黃子民好未來。

第三篇　黌宇泮花覺有情

半生浮沈幻茫然
幻夢花開一江山
春秋大義淚潸潸

詠台大長官、同學、師友詩鈔

詠校長陳維昭博士

醫生校長陳維昭，阿仁阿義親主刀；
我書出版他提序，至今記得校長好。

詠新校長李嗣涔博士

電機校長李嗣涔，特異功夫學問深；
科學方法找根據，他的發現真是神。
領導台大大魄力，國際一流拼爭氣；
詩意校園人文觀，此君果然創神奇。

詠總教官韓懷玉將軍

正襟危坐韓將軍，我到台大有戰情；

將軍叫我提戰略，決戰閏八月他行。

詠總教官李長嘯將軍

正人君子李將軍，高爾夫球他真行；
人生風雨都走過，未來風景都清新。

詠孫彭聲學長

孫彭聲老大哥哥，台大混過無奈何？
中美來去很風光，漫游人生真快樂。

詠楊長基學長

台北工會總秘書，做人做事讓人服；
一邀教授跟著跑，痛批貪腐台獨虜。

詠吳普炎學長

主任教官吳普炎，退休生活真悠閒；

三十年前我營長，容光煥發像從前。

記二〇〇七年十二月二十三日台大退聯會四友皈依星雲大師座下

詠我的皈依（作者自詠）

皈依三寶佛法僧，茫茫人海新人生；
信仰流浪到五六，本肇居士有新程。

詠吳元俊皈依

台大志工吳元俊，普渡眾生他最行；
服務人生正確觀，本立居士尚風景。

詠關麗蘇皈依

活動組長關麗蘇，退休生活有射鵠；
皈依我佛展新姿，本紀居士生有福。

詠吳信義皈依

校園志工吳信義，中國統一最出力；
台北道場也常去，本傳居士握天機。

註：是日四人皈依星雲大師座下，為臨濟宗第四十九代弟子。

詠台大退聯會會友詩稿

詠宣家驊將軍

一生戎馬宣家驊，創會元老一把刷；
將軍義工多寫意，穆王八駿頂瓜瓜。

詠路統信老哥

精神熠煜做義工，憂國憂民不放鬆；
遠望雜誌勤用心；反獨倒扁挺一中。

詠理事長沙依仁教授

沙依仁像我媽媽，犧牲享受如菩薩；
勤勞苦幹不退休，獻身本會很瀟灑。

詠台大夜間部同事老友

陳昌枏蹲在這裡，一蹲幾十載真奇；
詩文國史藏滿腹，良才未展太可惜。
學務組長秦亞平，他搞學務方法新；
股市操盤也好手，美台中跑很多金。

詠台大教官室友

國慶生時正國慶，做人做事都很行；
台獨要改國慶日，問君心中平不平？
指參同學王潤身，天生就是好命人；
獻身台大當教官，如今再無往日神。
麗雪不大當元老，上班打拼為一少；
力挺軍訓好朋友，眼看光景好又妙。

詠台大教授山友賀德芬

纖纖女子賀德芬，台大法律一強人；
三叉向陽嘉明湖，後燃紅火成女神。

註：「紅火」指賀德芬最初點燃紅衫軍倒扁之火一事，台大登山會於民國九十一年有「三叉山、向陽山、嘉明湖」之行，賀教授亦全程參與。

詠台大聯合辦公室志工鄭展堂先生

台大志工鄭展堂，遇風雨未見滄桑；
週遊列國見大勢，人生寫意就芬芳。

台大校園風月美景醉吟草

醉月湖色美，晚來情更絕。一夜露水即將逝，依依不捨歸。
片雲誰來愛，香波艷麗彩。伊人蜜語不想回，相約明晚來。
（醉月湖邊雲）

靜靜一邊坐，慢慢咖啡燒；婷婷玉立舞，緩緩向窗台；
詩語聲細細，香氣飄滿室，無語勝有言，蓮步移過來。
（辦公室閒花）

彩蝶翩飛仙女姿，胭脂飄香花如詩；
明眸款款傳情話，今晚不約是白痴。（浣花吟）

午夜香吻，牽動情絲多少種？今宵爛漫，左右想妳好，咬著
丁香不放。
醇酒美人，眾花林立妳最俏，露水知曉，晨風也妖嬌，想著
若是多好。（露水吟）

夢花隨筆吟

我佛慈悲不容貪，分裂政客整座山；
永不超生篡竊者，輪迴大道昭昭然。

生活感懷吟詠

感時

少讀春秋學先賢，工作讀書待己嚴；
雄心壯志西風去，誰不瘋狂枉少年。

心想事成

幻夢開出一江山，成王擁妾並不難；
春秋亘椽手中握，高興幹啥就幹啥。

鄉愁吟

五十年前籍貫蜀，千里鄉關夢中筑；
統一大業大家推，兩岸論戰更糊塗。

台大退聯會宜蘭遊吟

台大退聯會，領隊楊建澤。蘭陽去遠足，遊覽車歡唱，
海天前一色，青峰深處幽。中餐吃山產，晚餐海裡游。

台大退聯會訪佛光大學吟

林美山中佛大學，步步高昇幾百階；
回頭看山雲海天，學子求知須敬業。
中國文化在這邊，東亞儒學現眼前；
總攝儒釋道三家，藝術詮釋握主權。

紅軍潮吟詠

千里環島紅通通，禮義廉恥道德空；
篡竊把持總統府，多少嘆息在雨中。

勸一對老夫妻吟草

相互忍讓都從一，當初走對這步棋；

金銀財寶最後空，老來作伴收殘局。

詠綠林整垮一艘航空母艦・天淨沙

枯腸老調昏君，死路濁水莠民，世道憔悴死馬，夕陽西下。
綠色人望天涯。

作弊造假阿扁，貪官污吏不醒，燒炭跳樓傷心，夜黑風高，
鼠輩西望蒼涼。

警察憲兵貼身，無路氣炸政客，軍閥隔絕拒馬，怕不安全，
心虛害怕怕誰？

篡國竊位亂臣，草寇腐敗賊子，國際孤立貧窮，搬空國庫，
台灣全面下沈。

枯魚孤島命運，大膽西進中國，富強統一天馬，日昇之陽，
炎黃子孫有家。

詠二〇〇八跨年

蘭嶼太麻零八年，第一曙光現眼前；
神光乍現舞雲彩，新的一年盼好緣。
全台到處瘋跨年，五成人民窮缺錢；
一夜燒掉千百億，半數傷痛半撒鹽。

遊西湖詩箋

蘇堤風範歌千載，勤政愛民民心來；
東坡人品萬代頌，民族興衰靠人才。
湖中有島島中湖，三潭印月空靈圖；
江南美景色藝絕，神仙臨風在高處。

北伐統一做先鋒，無端弄成滿江紅；

漢奸走狗代代有，炎黃子孫尚多龍。
武穆身前秦跪哭，一哭千年恨當初；
國家統一遲早事，春秋大義警台獨。
千年恩怨早已過，炎黃一族不記仇；
吾國崛起大團結，面對西洋同一夥。

柳浪聞鶯蘇堤春，三潭印月雷峰魂；
南屏斷橋雙峰雲，花港秋月院荷芬。（舊聞西湖十景）
雲竹桂雨虎跑泉，龍井寶石吳山天；
阮墩環碧黃龍翠，玉皇飛雲九溪間。（後聞西湖十景）
六和聽濤靈隱禪，湖濱錢祠北街姍。
岳墓楊堤三台雲，萬鬆書緣梅塢寒。（新新聞西湖十景）

黃山詩鈔

龍蛇神人在黃山，軒轅道人遠悄然；
神龍見首不見尾，青蛙獅子有地盤。
亭池閣峰在山中，遠看連峰一條龍；
轉彎看到光明頂，夢筆生花有海風。
雲海瀑泉共構圖，西北天外人字瀑；
百丈飛泉有奇松，人間美景賽天都。

龍爪古松千年功，得道高僧巍巍崇；
金屋藏嬌吃嫩草，塵緣未了春意濃。註

虛無飄渺蓮花峰，觀音菩薩靜休中；

霎時蓮花朵朵開，嶄然煙嵐綴高聳。

黃帝黟山煉仙丹，陶淵明來此打禪；
歷代騷人宏村歌，無日無月夢中鼾。
黟地宏村桃花源，秦皇一統始設縣；
家家門前有清泉，明清以來都無年。
南唐宏村黟川雪，李後主愛寶一絕；
蒼海桑田已失傳，紙槽村名並不黑。

註：黃山千年古松根部，長出一株百年杜鵑，人們戲稱「金屋藏嬌」。黃山附近的黟縣宏村是古村落，有東方威尼斯美譽，特產國畫紙「黟川雪」，李後主最愛。

蟾蜍山詩稿

蝨蠅吸血全民殃，公投台獨是魍魎；

蠱毒蒼生罪業重，民主螟蛉才真相。
台獨執政有八秋，生民塗炭因果有；
咎由自取不可活，歷史輪迴成人球。

獨夢夢獨四百載，戰火離亂宿命災；
東寧王國癡人夢，何時喚醒華魂來。
海島生來懸天涯，人海茫茫皆無家；
都成籠中犬爭鬥，要死要活看兩大。

二二八感懷

操弄族群引奇災，綠營人馬最不該；
煮豆燃萁拼命撈，蕭墻種禍阿扁栽。
禍端你起族群裂，最終解決靠流血；

自己作業大家擔，來日就看閻王爺。

偶感吟詠

年過五十才想佛，明心見性認識我；
孤島沈淪一道場，紅塵齷齪也婆娑。
半生戎馬炎黃夢，春秋華夏展鵬程；
五十六年多少事，著述寫詩還逞能。
人生已然五十七，金戈鐵馬早遠去；
篡國竊位今猶在，亂臣賊子搞分離。

感時隨筆吟草

擔心天下垮台事，連署馬蕭求支持；
書生流氓搶大位，大義不彰待何時？
阿扁教唆去跳海，資金朋友不敢來；

反正不死扁家人，一個阿扁全民災。
無義缺德如何爭，跳樓燒炭不想生；
綠營執政眾生毒，可憐自殺年年升。

正義之聲詩鈔

百萬紅軍全台征，禮義廉恥建長城；
府中頭目喪膽寒，反貪大道正義聲。
自古以來仁無敵，民心正義不可欺；
大地藍天原光明，遲早一統千萬里。

兩顆蛋蛋詩鈔

兩顆子彈煞全國，殺傷效果核武愁；
謝營阿扁同一款，黎民苦痛向誰說？
蛋蛋兩顆騙又裝，篡國竊位好猖狂；

壞事做盡碰到鬼，地獄輪迴永世亡。

感時吟稿

孤島何端煉獄流，權欲迷心萬火牛；
炎黃血液怎變緣？百年輪迴何時休。

詠一門教授博士的奇聞

一年土土思本土，兩年學成西洋族；
三年不認爹和娘，爹娘凍死他無辜。

註：聽聞一家三博士在美國當教授，父母凍死在台灣的故事。

詠念老同學吟

不見老同學，總統府內間；春秋世道衰，苟且度一年。
當年壯志興，當兵三十年；民族復興夢，崛起也安慰。

盤古開天詩稿

盤古開天分兩邊，黑白分明沒中間；
篡竊貪腐都是賊，剩下朋友閒談天。

不能交的朋友吟草

天地分開兩邊切，黑白分明都很絕；
綠色類人不能交，小心被賣嘿嘿嘿。
人生已過五十幾，相處何必再演戲；
四維八德一個誠，真誠相交別自欺。

嘆柏楊晚節不保吟草

國史文化原有功，挺台獨算啥東東？
晚節不保很可惜，尚未蓋棺想一中。

暫時的非法政權雜吟

一朝天子一朝臣，亂臣賊子今最神；

邪魔歪道都是鬼，不久遲早要讓人。

詠雙連坡上一朵清新的李花

坡上李花嫩雪白，秋月嬌羞款款來；
夜來花落仙女飄，花瓣風中慢解開。
李花情竇才初開，有緣情人偶然摘；
夜來風雨頻催花，涓涓細水雲亂釵。
李花情水深千尺，任誰眼裡是西施；
從此一別西風去，再賞李花待何時？

往事感懷詩草

中興嶺眷村拆了，往事剩多少，小島近年很傷風，故國不堪回首三月中。房產薪水都還在，只是心情改，台獨貪腐多鎖國？恰似快乾水泥正在流。

詠念台大一老同學（夜間部學務組長周禮鶴）

吃齋念佛信上帝，才過五十就大去；
人生無常是真理，快樂無愧才寫意。
涅槃滅熄有因果，實相假相問佛陀；
吃喝嫖賭任由他，愛恨情仇再探索。

台灣文壇感懷吟詠

文壇擂台如政壇，口劍濁水權力煽；
所幸這裡沒大利，否則篡竊也當然。

第四篇 春秋大義淚潸潸

半生浮沉幻茫然
幻夢花開一江山
黌宇泮花覺有情

台灣社會末世亂象吟詠

兩代都當漢奸奇草雜吟

蹧蹋民主辜寬敏，台灣貪腐決不行；
分離主義你頭昏，兩代漢奸今可信。

註：辜的父親辜顯榮，在當年日軍欲佔領台灣時，引導日軍登陸北台灣，並進行大屠殺，台灣人民死傷數千。

天生漢奸辜顯榮，一八九五他得寵；
倭寇揮刀屠台民，他是天大一幫凶。
倭寇登台尋無路，顯榮一看賭不輸；
浪人屠城他叫父，認賊作父財大粗。
炎黃子孫有瑕疵，只有少數會變質；

秦檜汪精衛等賊，辜某能悟還不遲。

詠侯寬仁起訴馬英九特別費案

社會正義通不通？禮義廉恥懂不懂？
春秋大義有沒有？難到秦檜轉世嗡？

詠歷史上的台獨普遍現象

蠅營狗苟到處鑽，蛇蠍蟑螂四方傳；
蠅糞點玉榨民財，詐騙執政民腸斷。

詠不法政權頭目陳水扁重返三一九現場

篡賊作弊又囂張，重回三一九現場；
瞞天過海不是罪，到地獄找閻王商。

詠綠毒天魔大陸祖國行

陳水扁北京行（一九九一）

阿扁北京探行情，軍博館前留倩影；
證據顯示要賣台，欲率坦克向東行。

呂秀蓮祖國尋根謁祖（一九九〇）

福建南靖才是根，龍潭祖厝情份深；
呂家五次回原鄉，何必毒害台灣人。

游錫堃呈獻祖國祖祠對聯（二〇〇三，其兄代呈）

廿世裔孫游錫堃，一心呈獻真誠純；
日後怎道中國豬，父祖兒女也是人？

謝長廷訪北京（一九九三）

北京貴賓謝長廷，吃香喝辣他最行；
明獨暗統找機會，不信往後看風景。

姚嘉文祖國行（一九九三）

祖國朝拜姚嘉文，參訪名勝找祖墳；
北京溫情不忘記，從此心頭亂紛紛。

李鴻禧祖國北京行（一九九〇）

炎黃叛徒李鴻禧，尋根謁祖何道理？
醜化中國罵自己，無恥文人他第一。

政壇腐敗現象人物吟詠稿

最該正名張俊雄，趙高秦檜陰謀勇；
僭賊諂媚是一流，沒心沒肝罪無窮。
台獨政客鬼見愁，不要臉的在敲羅；
猛狠又兼沒良心，五鬼搬運民炸油。

註：「猛狠又兼沒良心」用台語發音。

阿扁二二八元兇，真正蔣公是英雄。
邪魔歪道怕上帝，蔣公抗日智仁勇。
精神分裂李鴻禧，炎黃之恥壞到底；
李家百代都蒙羞，移民東京好變體。

時局吟草

作弊高手陳水扁，這回弄個奇又鮮；
二階領票好造假，天大巨禍延來年。
台灣造假成好風，扁營示範大家從；
考試作弊全無罪，整個社會已失控。

四龍之首早沈淪，獨派執政業障深；
中國崛起富且強，大樹底下悠閒人。
台灣空轉已八年，孤島氛圍酸窮鹹；
綠色人馬是異形，再搞全民無明天。
神聖公投被綁標，大家拒領公投票；

法理台獨還是夢，不信大家走著瞧。

蕘草雜吟詩稿

春望・二〇〇四春詠

國亡孤島在，篡國竊位真，孤臣孽子淚，綠林太痛心。烽火連三月，扁府搬萬金，貪腐政權短，賊子未吃撐。

塞下曲・二〇〇六冬詠

台灣不下雪，不冷人心寒，到處是人球，綠林不能看。日夜戰鼓舞，同胞大對決，願將手中劍，統獨斷糾纏。

詠偽新聞局謝志偉

痞子又成兒過動，無智缺德更不懂；
國家門面臉丟光，追隨台獨民心痛。

詠偽政權教育部長杜正勝

罄竹難書杜正勝，分離挺毒他最能；
投機份子沒心肝，漢奸下場醒一醒。

詠李昌鈺的大生意

據稱神探李昌鈺，全球招攬大生意；
三一九真相那裡，看利潤厚多神奇。

詠鬼族執政・人妖幫凶歌詠

鬼族執政

台獨執政都是鬼，魑魅魍魎鬼崇崇；
人間因此死人多，要救瀛台找鍾馗。

吃相難看臉，魑頭魋腦相；滿肚惡濁水，全台到處淹。

公元兩千年，國鼎被竊空；偷樑換柱魔，最怕聽一中。

一座人妖山

台獨思想山，蒙蔽死生海，毒害台灣島，糾纏四百年。啃蝕
人民命，螻蟻攻黎民，人妖山遮日，何時有清明。

人妖邪魔侷台灣，篡竊亂臣詐騙團；
政客賣國如賣屄，痞子耍屌像生番。

吟亂世痞子謝志偉德相

痞子耍屌像人妖，街頭賣淫真妖嬌；
有點知識沒常識，台獨貪腐快了了。

註：果然，不久後的二〇〇八年元月十二日，立委大選，台獨政權慘敗，再過兩個月不到，這個不法政權，靠「319」作弊的政權將被丟棄在歷史的灰燼中。

昭君怨・三一九槍擊作弊案

子彈從何而來？李昌鈺拼生意，果真查證據，侯有疑。
全案由誰設計？主謀扁或阿義，讓人民看戲，沒證據。
本是自編導戲，無中生有也易，裡外骯髒劇，翻身難。
是誰出的主意？你祖宗不饒你，春秋大義判，地獄去。

菩薩蠻・記呂秀蓮親口說選票用騙

喜上眉梢話當年，口出蓮花民當真；千禧年好High，閨中人上樓。能撈盡量早，莫待紅顏老。作弊再連任，統獨幻夢中。

台灣民主的真相，全靠嘴巴吐蓮花；民主選舉High，人的頭腦呆，一任做四年，上台要備選。政治只好騙，莫怪呂秀蓮。

詠台獨政治魔術幻花吟草

吹牛不犯法，台獨不會垮，入聯申魔爪。獨立成功後，人人大錢花，全球到處耍，人見皮皮剉。騙死人不償命，台獨一定行，老共多少兵？美日對我親。獨立成功後，人人纏萬金，如果要打仗，我們也有兵，別人仔死沒了。

三一九雜感詩鈔

篡國竊位三一九，亂臣賊子真下流；
魑魅魍魎皆是鬼，祖宗大義前蒙羞。
去年今日彈兩顆，作弊手法實在扯；
瞞天過海民眼瞎，英雄志士嘆奈何？

詠歷史輪迴吟草

東寧傷心史，孤島四百秋，中華民族淚，神州一統光。
台灣入聯錯，兩岸一家人，中國統一後，何愁沒朋友。

台灣再熬有幾秋，地小人稠美日肏；

神州王師快來救，國軍起義裡外好。
國軍使命不能忘，中國統一最輝煌；
紅藍兩軍中國軍，相互合作旺旺旺。

秋日午後雜感

遍地烽火燒，南北大對決，四季哭喊聲，死人知多少？
亂臣賊子囂，正人君子肖，貪污走狗狂，綠色類人狡。
瞞天過海不是罪，作弊造假還不悔；
全家吃錢國庫空，看來只有業相隨。

詠一代歌王余天變節投入台獨陣營

一代歌王搞台獨，吃飽喝足挺貪腐；
晚節不保最難堪，家人記否炎黃族。

詠詩人企業家范揚松先生

揚松戰略大操盤，進出中國有何難？
十二金釵回眸笑，食客個個有盤纏。

春日樟山寺詩鈔

塵緣未了紅粉色，辜負我佛戒太苛；
上山聽經醒一醒，情性皆醉緣為何？
政大後山四季春，紅花綠葉寵愛人；
寺外小鳥頌心經，旅人頓悟成仙神。

詠媽祖回湄州娘家詩草

媽祖湄洲回娘家，中國民俗兩境轄；
台獨政客法辦神，天上聖母看不下。

總統府懷古吟稿

頂立孤島百餘年，變來變去想從前；
凱達閣蘭原住民，祖廟被燒倭寇嫌。
台獨篡竊現是主，牛鬼蛇魔坐滿府；
玩弄權力真得意，遲早囹圄變囚虜。

註：現今總統府的位置，在一八九五年之前是凱族人的祖廟，辜顯榮（辜寬敏的父親）引導倭寇佔領北台灣時，即一把火燒掉凱族祖廟，並進行大屠殺，如今辜某仍隨倭寇起舞，漢奸心態真是可怕極了。而很多獨派人士故意忘掉這段歷史，也是一種亡國奴心態，實在是炎黃子孫萬代之恥。

時局偶感幻花雜詠吟草

三一九弊案，瞞天過海招，小民看不懂，愈看愈矇矓。
其實不難解，無中生兩彈，再嫁禍藍營，篡國竊位瘋。
毒死天下人，別仔死不完，貪污腐敗撈，撈飽好快跑。
國亡有妖孽，魑魅魍魎行，牛鬼蛇賊笑，正人君子哭。

坐唱紅花雨，和平民主夢。百萬夜點燈，孤島同樣黑，朝野都苟且。
古來倒篡竊，革命唯一途。先烈有榜樣，不死不流血，終究一場空。

執政八年亂，禍源在離獨，回頭看歷史，華夏五千年，裂離都暫時，遲早又一統。

權力想暫時，一頂烏紗帽，頭上載不久，此生只一次，不撈待何時？垮前逃美中。

炎黃華夏正，藍營子民人，正人君子乖，黃埔國軍溫，國親新君子，江山大位讓。

分裂思想邪，綠營人馬鬼，政客小人壞，亂臣賊子猛，亂黨設弊案，大位就是撈。

幻花夢草吟・台灣社會現象

台島沈淪已八春，豺狼虎豹樣樣吞；
蟑螂走狗詐騙團，眾生無能頭腦昏。
病入膏肓已無解，痶痶癱瘓偷苟且；
割除腫瘤救全體，去獨無毒全大節。

綠獨群姦共業詩鈔

綠營四魔會養奸，鷹犬爪牙能吃錢；
八年搬走十八兆，民窮財盡病懨懨。
滄海桑田轉瞬間，歷史舞台總新鮮；
台獨豬魔萬年臭，禍首阿扁心最姦。
篡國竊位夢一場，全家豬狗願難償；
吃人夠夠被人吃，殘膏賸馥因你殤。

鬼怪禍國詩鈔

阿扁罪魁肇禍慘，蒼生苦痛不惻然；
政客操弄民不悟，禮義廉恥全都刪。
分離主義裂國家，出賣祖宗狗眼瞎；
變態民主禍吾國，可憐百姓枉欺壓。

春日偶感

戰地遜色尋無端，晒乾鹹魚台大翻；
著作等身欠經典，雜書萬卷兩袖風。

亂世孤島叢林飛花雜草吟

年年要真相，明明自編演。百年笑話憶三月，荒煙漫草間。
自從三一九，烽火三月天，統治階層全漢奸，萬眾凱道閒。

微螢小火三一九，人心煽惑燎不休；燐火熠焰千年史，臭名遠揚成不朽。八年長夜黑鴉鴉，熒熒一燈有輝霞，爛然一霎窗前過，總比貪腐困無涯。

三一九案何時了，真相知多少？扁府全年放屁風，篡國竊位就是怕一中。古來中國都是在，只是朝代改，問扁能有啥奧步？恰似長江黃河水東流。

書生流氓爭做東，人性善惡在此中；
真假民主一試知，古來正邪本不同。

自由時報林榮三，醜化炎黃幹自己；
狼狽為奸吳阿明，浪子回頭難難難。

篡竊罪孽不可逭，千代萬代都在傳；
祖孫百代全蒙羞，乾脆統統去投繯。

台灣民主奇譚詩鈔

吃人夠夠陳阿扁，天生才能用來騙；
半數人民同一哭，其他都是老蕃癲。
騙人騙票又騙神，綠色物種何類人；
詐騙集團在執政，台灣社會繼續沈。

秀蓮嘴巴也厲害，選票大位都騙來；
妳的人生只有騙，台灣社會真悲哀。
長廷大兄有神力，分身作法真是奇；
當選台灣變瑞士，千真萬確莫懷疑。

夢遺疑雲

全民夢疑何時了？弊案知多少？總統府裡情慾風，吾國不堪回首三月中。華夏江山依舊在，統一即將來。問君綠營貪腐否？洽似宇宙黑洞永恆流。

扁家吃錢何時了？國庫剩多少？操盤五鬼搬運中，搬錢數錢累到腦中風。古來貪腐吃錢賽，分離主義災。問君篡竊賊多少？洽似螞蟻鼠輩波波流。

太后太監轉世投胎雜草吟

慈禧太后李蓮英，個個投胎到綠營；
自私貪婪是證據，亂臣賊子人不平。

春秋正義滅除人間魔道吟詠

詠偽政權頭目陳水扁二〇〇八年元月出國放話

阿扁出國去放話，鹿死誰手皮皮剉；
亂臣賊子啥奧步，作弊之外有啥花？

詠偽教育部主秘莊國榮

亂臣小丑莊國榮，貪腐陣營也得寵；
台獨魔鬼不知悟，試想血緣何東東？

詠偽新聞局謝志偉

立委大選綠崩盤，痞子志偉淚濕衫；
做人做事你重學，春秋大義較好看。

詠人民的微笑：立委選後春節提早到

二月七日原春節，元月早到真是邪；
七屆立委獨慘敗，全島春花花不謝。

詠佛陀擒魔

我佛慈悲要擒魔，台獨分裂是魔頭；
人間有魔死人多，清魔滅魔人快活。

詠觀世音的金箍扣

普渡眾生觀世音，台獨貪腐不自新；
中華文化金箍扣，斬妖除魔寶島清。

詠台灣異形戰場

台獨再搞變變變，伊拉克戰場現現；
死人如山獨魔笑，這是何種賤賤賤。

詠李登輝

你把自己玩完了，看你聰明卻很扯；
台獨分裂不能搞，不聽成歷史垃圾。

詠偽政權國防部長李傑

黃埔精神還記否？國家統一怎麼說？
我知老哥未變節，面對台獨何軟弱？

詠歌王余天變節選台獨立委得勢省思

歌王變節挺台獨，亞萍妻兒可舒服？
台獨分裂是歹路，再搞祖宗地下哭。

詠失節詩人路寒袖

詩人變節挺台獨，褻瀆蔣公不如芻；
廉恥斷傷心不誠，文壇敗類似杜龜。

註：路寒袖爲一頂烏紗帽，帶頭破壞蔣公銅像，「杜龜」二字以台語發音。

詠僞高雄市長陳菊

南台貪瀆健將菊，奧步作弊心很虛；
民族救星妳褻瀆，炎黃敗類不知義。

註：路寒袖把蔣公銅像「大卸八塊」，應陳菊授意，以向僞政權頭目示好。

全民痛罵「上杜下謝又連莊」吟草稿

小丑人格不容貶，丑角其實很尊嚴；
上杜下謝又連莊，無恥不齒社會癬。
癬疥癲菌似非癌，到處漫延害人癲；
日久必成瘟疾害，孩子學樣無恥姦。

註：二〇〇七年元月立委選後，全民痛罵指責的「上杜下謝又連莊」，指僞政權的杜正勝、謝志偉和莊國榮三人，真是台灣社會的毒害，不僅禍害當代，更禍害下一代的孩子們。

弄潮閑牘

杜謝莊縲絏外一章

上杜下謝又連莊，挺貪挺獨受重瘡；
腐敗集團加余天，投機份子心可慌。

詠余天變節向台獨靠攏

變節余天竟得A，還嘆政壇太過黑；
台獨黑手詐騙團，春秋大義前挨K。

詠謝長廷說

還想當官無廉恥，俊雄三寶快快辭；
獨派貪腐同一款，長廷看看今大勢。
三一九作弊無恥，鬼崇心虛到何時？

長廷怎麼不敢說，心中有鬼無寧日。

註：「三寶」指杜正勝、莊國榮、謝志偉。

詠杜正勝下台打包

偽教部長杜正勝，挺貪挺獨都未成；

你的一生也打包，春秋大義見公正。

詠謝志偉下台打包

東吳大學外院長，挺貪挺獨大內傷；

沒頭沒腦謝志偉，小心一生全泡湯。

詠葉菊蘭

菊蘭聽我說一些，傲淡品逸霜下傑；

靜芳品幽第一香，何必挺獨質變劣。

諾貝爾獎雜草吟詠李遠哲

諾貝爾獎李遠哲，ＩＱ很高ＥＱ扯；
教改搞垮台灣仔，搞台獨挺貪為何？
阿扁台獨烽火燒，當初是誰幫凶搞；
執政八年死人多，冤死子民找他侖。
化學巨人政治侏，國際紅人一生輸；
為何挺貪又挺獨，書生死讀書讀死。
國家送你去遛洋，炎黃血液中華相；
國家民族全背叛，子孫做人要怎樣？

憶年青舊事

輕舟漣漪日月潭，春風拂面意闌珊；

心湖有浪要掀起，今夜翻山應不難。

聞林毅夫同學將出任世銀副行長

當年一幕驚心迫，將軍大內錯錯錯；
四十四期永不用，心中有愁向誰說？
風風雨雨三十年，傳奇故事總新鮮；
如今回顧這懸案，你走的路前前前。